昨日的家園
Home of Yesterday

方國榮　Peter K.W. Fong
陳　迹　Chan Chik

策　　劃　　鄭德華

文字編輯　　曾憲冠

美術編輯　　林苑鶯　梁志和

封面設計　　陳曦成

協　　力　　李浩銘　黃沛盈　羅詠琳

系　　列　　香港經典系列

書　　名　　昨日的家園

作　　者　　方國榮

　　　　　　陳　迹

出　　版　　三聯書店（香港）有限公司

　　　　　　香港北角英皇道 499 號北角工業大廈 20 樓

　　　　　　Joint Publishing (H.K.) Co., Ltd.

　　　　　　20/F., North Point Industrial Building,

　　　　　　499 King's Road, North Point, Hong Kong

發　　行　　香港聯合書刊物流有限公司

　　　　　　香港新界大埔汀麗路 36 號 3 字樓

印　　刷　　中華商務彩色印刷有限公司

　　　　　　香港新界大埔汀麗路 36 號 14 字樓

版　　次　　1993 年 8 月香港第一版第一次印刷

　　　　　　2012 年 8 月香港第二版第一次印刷

規　　格　　大 32 開 (140×200mm) 136 面

國際書號　　ISBN 978-962-04-3241-5

由於出版年代久遠致使未能聯絡方國榮先生，請方先生本人聯絡出版社，以便支付稿酬。

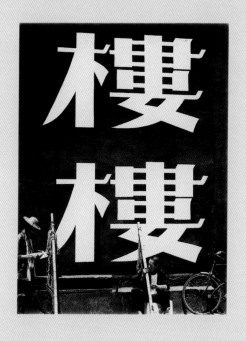

出版説明

　　香港，這個國際大都會，她的繁榮和現代化恐怕是舉世公認的了。然而，那卻不是香港風貌的全部。

　　作為一個亞洲的濱海城市，她既有中國的傳統文化和社會結構，又滲透着許多西方的文明和意識；她既有高聳入雲的商業大廈和堪稱世界一流的豪華酒店，也有幽靜古樸的圍村、石屋；她既有一擲千金的大富豪，也有瑟縮在屋檐下的街頭露宿者；她有的東西走在世界的前列，但有的東西卻幼稚和年輕……

　　此書原為 1993 年出版的“圖說香港”系列的其中一冊。這套以圖為主，輔以簡練、精闢文字的“圖說香港”系列，正是從不同的主題和角度，展示香港的五彩繽紛和時代氣息，她的歷史、文化、社會和風俗。無論圖文，均強調它的可觀性和內涵。每一種都有一個明確的主題，是一組屬於帶有濃厚地方文化色彩的中型畫冊。

三聯書店（香港）有限公司

目錄

序

　　自從 1841 年英治開始至今，香港始終面臨一個難以解決的住房問題。20 世紀 50 年代初期之前，提供住房這件事主要由私人機構去解決。從 1954 年起，政府才開始介入，共在其中起着越來越大的作用。

　　現在，香港已從 19 世紀中葉的一座小漁村被改造成為世界金融中心，除了引人矚目的經濟增長，居住環境也發生了劇變。目前，香港擁有幾幢亞洲最高的建築物。高樓摩天，鱗次櫛比，香港的空中輪廓綫聞名於世。

　　為了描記香港城市起源和發展（特別是在居住條件及環境方面）的軌迹，用圖片和文字把種種變化記錄下來當是很有意義的。在規劃未來去向之前，有必要回顧我們從前走過的路；歷史的教益有助我們制訂計劃去爭取一個更為美好的未來。但願本書能夠把香港昔日的居住條件與現代的生活方式聯結起來。

1　1855 年的維多利亞港。

歷史的步履
Footfalls of History

2

19 世紀中葉至第二次世界大戰

香港，字面的意義作"芳香之港"，主要是因為早年聞名遐邇的香料貿易而得名。在 1841 年英國建立殖民統治之前，香港只是廣東省珠江三角洲東岸的一個漁港，僅有數千居民散居在一個又一個的小漁村，而英國人和西方人則沿港島北岸和在山上定居，多數住在維多利亞式和歐式建築物中。

1853 年，香港人口從殖民地初建時的 7,450 人增加 5 倍而躍至 3.9 萬人，這主要是因為中國大陸的移民大量湧入。港島地形多陡坡，所以早期殖民者及城市發展主要集中在維多利亞港的兩岸。

大陸移民的湧入導致對房屋的需求劇增，使得原有的房屋人滿為患，擠迫過甚。於是，供多戶租住的公寓式唐樓應運而生，以最低廉的造價和最快的速度大批建起，全然不按建築物條例的規定。為了最大限度利用地皮，這些房屋一幢接一幢緊貼在一起。當時，由於條件尚可的住房絕無僅有，兼之官員人手不足，政府不可能強行實施某些衛生及安全規定。

1861 年，香港人口達到 12 萬，與此同時，房屋問題進一步惡化，擠迫情況愈演愈烈，竟嚴重到了 3 戶人家，甚至多達 8 戶人家，擠住一個單位之內的地步。1881 年，人口續增至 16 萬，居住條件自然仍舊惡劣不堪。1883 年，衛生局成立，職責是檢查不符衛生標準的房屋，撤離傳染病人。然而，由於受到業主的頑梗反對，衛生局根本無法履行職責。於是，極其惡劣的衛生狀況終於導致 1894 年的淋巴腺鼠疫大流行，2,679 名時疫病人中死了 2,485 人。這場瘟疫持續 10 年以上，每年奪去 1,000 多人的生命。

政府雖然作了一點努力，但是由於執行建築物和衛生條例不力，又缺乏重建陋屋區的興趣，直至世紀交替之時，情況並無改變。而在辛亥革命和第一次世界大戰之後又有更多的難民湧入香港，使原已相當惡劣的居住條件進一步惡化，到了叫人幾乎無法忍受的地步。

第一次大戰後，政府任命了一個房屋問題委員會，委託其尋求提高房屋質量並降低房價的途徑。1923 年，委員會提出一系列建議，其中某些內容，如在九龍半島發展住房，被採納並付諸實行，但由於人口進一步膨脹（到 1931 年已達 84.1 萬），居住條件仍無法改進。

1935 年之前，樓房的高度是受 1903 年

3
太平山麓上的西式建
築。

4
20世紀初港口的面
貌。

5
港島東區的華人住
宅，彼此緊密相連。

4

5

的公共衛生和建築物條例約制的，規定至多 3 層。1935 年，上述條例分解為單獨的建築物條例和數項公共衛生條例。這些新的規定雖然提供了限制過度密集使用土地的手段，但是減輕過分擠迫的措施卻鮮有成效。那些沒有能力租用整個唐樓單位的家庭在租下一個單位之後，往往把單位分隔成小塊，轉手再分租給其他家庭。結果，所謂每成人至少 3.25 平方米的居住標準當然根本無法達到。1937 年，日本侵華，在這以後的 4 年內，又有 75 萬大陸難民湧入香港，使居住條件更加惡化。小山上、行人道旁，甚至原有建築物的頂部，到處搭起了低矮的木屋。

這一時期中意義最為重大的成就乃是通過了 1939 年的城市規劃條例，這條例雖說並沒有因此得到任何即刻的實際成果，至少確定了新的市區佈局和舊區的重新規劃。不幸的是，1941 年 12 月日本佔領香港，政府旨在改進居住條件的所有行動便都戛然而止了。

到了 1945 年大戰結束，在整個日本佔領時期，香港人口減至 60 萬，房屋亦蒙受重大破壞。根據 1946 年的一項調查，有將近 9,000 間房屋破毀，一萬間左右嚴重損壞，16 萬人流離失所。戰後，大批居民又從大陸逃回香港，截至 1947 年，香港人口達到 180 萬。由於回港居民暴增，許多家庭被迫在擁擠不堪且維修不善的居住環境中生活。1950 年，大陸政權易手的翌年，情勢更加惡化，據估計，當時香港人口已達 210 萬，擠得所有住房爆滿之餘，更向木屋洶湧溢流。

經整整一個世紀的人口激增之後，對房屋的需求自然十分強烈。然而，到此時為止，香港政府始終避免直接介入房屋事務。當局所做的工作主要只限於制訂一些旨在改善衛生條件的規章條例而已，房屋問題則基本上留待私人機構按市場因素去解決。

1946 至 1972 年

除了大陸移民的大批湧入外，本地人口的自然增長率高亦使人口急遽增加。根據 1961 年舉行的戰後首次人口普查統計數字，香港人口已達創紀錄的 320 萬。儘管人口漲勢在 60 年代後期漸趨緩和，到 1971 年全港總人口還是超過了 400 萬。這一次又一次的人口增長使原已不足的房源更顯緊缺。

6
灣仔區的低矮樓房，
是 20 世紀初普遍的建
築形式。

7
30 年代典型唐樓平面
圖（資料來源：香港
政府房屋問題委員會
報告，1935）

8
貧戶在路邊架起臨時
草棚居住。（1954）

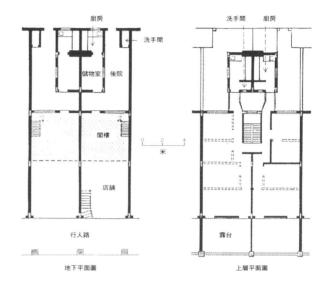

廚房

洗手間

儲物室　後院

閣樓

0 　2 　4
米

店舖

行人路

地下平面圖

洗手間　廚房

露台

上層平面圖

7

8

9

50 年代的中區永吉街
是一副磚牆瓦背、炊
烟四起的樣子。在這
烟霧迷漫的市區裏，
大多數是四五層高的
舊式樓宇，而那烟霧
則是當時一般人家仍
是以木柴為炊的結
果。那是還沒有煤氣
和石油氣。(1954)

10

至於稍離市區之地，
昔日尚未被市區"吞
併"，如彩虹地鐵站
後面的牛池灣東村，
原為依山望海的古
村，菜地、流水、垂
楊，一派鄉村景色。
現今樓宇高聳，新型
街市及地鐵站、巴士
站密集，居民熙來攘
往，早已面目全非。
（1954）

10

11

12

11
50 年代，政府正式介入房屋發展，黃大仙是公共房屋發展的早期地區之一。1954 年的黃大仙，還是一片寬廣的原野，新建的公路上連車的影子也沒有。遠處隱約可見剛建成不久的徙置大廈，那兒生活條件匱乏；近處還可以看見到路邊挑水回家的青年。

12
這是 50 年代的鑽石山，木屋低矮，廠房新建，行人稀少，十分冷落。(1954)

13
1953 年石硤尾大火。

14
火災後迅速興建兩層高房舍，以解燃眉。

15
李鄭屋邨舊式公屋。

16
老虎岩（今稱樂富）木屋區。

13　　　　　　　14

15

木屋區擠迫的居住環境無時不受火災的威脅，儘管如此，政府仍然不願積極介入提供房屋的工作，直到 1953 年聖誕前夕石硤尾木屋區的一場大火之後才直接參與。翌年，徙置事務處成立，為 5.3 萬名火災災民興建徙置區。自此，為數以百萬計的居民解決住房問題的大規模公屋計劃才蓬蓬勃勃地展開。

最初的徙置區由 6 至 7 層的 H 形屋群組成，屋內無電、沒有廚房，在中央走廊設有公用的廁所和盥洗室。

政府介入房屋問題的頭兩年，工作重點在於木屋拆遷和居民重新安置。由不同機構提供的各種低造價房屋，大體雷同，僅在質量方面小有差異。

24

18　　　　　　　　　19

70 年代

60 年代和 70 年代初，隨着製造業的飛速發展，香港經濟開始繁榮，人們對於較好居住環境的需求也因此增加。到這時為止，雖說已有 160 萬人住入了各種類型的公屋，卻仍有許多窮人棲身於簡陋的木屋區和唐樓。政府終於逐漸認識到必須採用一個全面的方法來解決房屋問題，且有必要建立一個一體化的機構。1972 年，上任伊始的港督麥理浩爵士宣佈了一項十年建屋計劃，目的是使 180 萬住在貧民窟和木屋的居民搬進設備條件尚可的永久性公屋獨立單位。以往由好幾個政府機構分擔的職責集中到一個新設的機構——香港房屋委員會，以便擬訂各種政策。房屋委員會轄下的行政部門房屋署被授權執行房屋計劃並管理各公共屋邨。十年建屋計劃提出在新界發展新市鎮，後來迭經擴充，又包含了 1976 年居民計劃以及 1978 年私人機構參與發展計劃兩方面的內容。

十年建屋計劃把重點從先前強調的建屋數量轉移到了質量。計劃還規定把早期那些不符標準的徙置區重建，並改善現有屋邨的居住環境。新的房屋政策從旨在扶助木屋區貧民轉而為滿足廣大中下收入家庭的需要。

在那 10 年中，建屋超過 22 萬個單位，解決了 100 萬人的住房問題，但遠未達到容納 180 萬人的原定目標。政府過高估計了建築行業的生產能力和石油危機之後出現的經濟衰退是導致十年建屋計劃無法實現的主要因素。(附錄)

80 年代

80 年代初，經濟繼續繁榮，與此同時，香港的政治結構亦開始發生重大的變化。1982 年地方行政計劃的實行、1984 年的《中英聯合聲明》以及 1985 年的立法局選舉都提高了公眾參與決策的程度。各種社會經濟和政治變化改變了實施已久的房屋分配政策，使單身或兩口之家可申請永久性公屋，並且導致了長遠

20

17
1960 年臨時安置區內
家庭生活小景。居民
以鐵皮木板架起低矮
的房子為家，這些縱
橫不過 10 多呎的屋子
往往就擠迫地住上了
一家數口。

18
油塘邨——第三型公
屋。

19
秀茂坪邨——第五型
公屋。

20
將軍澳景琳邨——新
落成公屋。(1992)

21
將軍澳安寧花園——
新落成居屋。(1992)

22
觀塘翠屏邨——房屋
署重建工程。(1992)

23
天橋淩空插進石屎森
林的罅隙中。(1991)

24
西環唐樓。(1991)

房屋政策的制訂。私人地產發展商的作用，由於可向中上收入居民提供高級私人樓宇，也在日益增大。像太古城、置富花園和杏花邨等大型住宅區的發展為中等收入的家庭提供了高質住房。不管是私人樓宇還是公共屋邨，在建築設計和社區設施方面都有了改進。

政府雖已作出重大努力，以往戶可以負擔的租金或樓價向急需住房的市民提供充裕的房源，但時至今日，仍有相當數目市民的居民條件有待改善。目前，全港的住房種類五花八門，有豪華住宅和別墅，也有臨屋、第一至六型的舊公屋群、新型和諧式公屋，還有戰前唐樓。而改造不符標準的舊樓工作，在很大程度上，有賴於政府和私營部門的共同努力。

21

22

23

24

25

聚影留情
A Flashback

唐樓

20世紀50年代早期，木屋區以外的所有港人幾乎都是唐樓住戶，而這些公寓式唐樓都是1935年以前建造的。這些房屋一般都是3至5層高，建造在寬4至4.5米、長12至13.5米的狹長地盤上。多數唐樓整層樓面出租，爾後又由租戶將樓面分隔成數間極小陋室，轉手再租給他人。

從社會和衛生的角度看，唐樓除了可以全層或整個房間為單位出租之外，實在沒什麼優越性可言。屋內小間以木製屏板分隔，這些屏板在從地板到天花板的3或3.6米高度中佔去2.4或2.7米。屏板之上，為防鄰人偷竊，往往還裝上鐵絲網。住戶的通風和照明只來自整幢建築的前部或後部；而為求通風和照明，就得犧牲隱私。分隔小間內往往都用雙層或三層的疊床。閣樓可搭建在房間內的任何部分，一般只能擱下一個床位，這些都加劇了居住的擠迫程度。除了那些極老的建築，樓內一般每層設一個廁所；廚炊設備是公用的；處理垃圾的方法既原始又不衛生；居民大多使用馬桶。

戰後的頭幾年，居住條件仍然惡劣。當時，灣仔一座古老的3層木結構唐樓竟住了90人，其中多名居民睡的是6層「碌架床」。有個叫阿根的工人和他的女友在油麻地山東街租下一套房間成為二房東，兩人在走廊上搭了一張雙人床作為自己的天地，把房間的其他部分轉租給6家庭共28人使用。租金是受管制的，他們兩人每月從每個分隔小間收取20元左右的租金，從每個床位收取16元。一個分隔小間住上1對夫婦和他們的3個孩子，另外還有老祖母；另一間裏住着寡婦母女倆、寡婦的兩個兄弟以及母親。

那時，只用燒木柴的炊爐，人們把柴薪保藏在自己的床邊，因為木柴價格昂貴，而且極不耐燒。廚房裏，由於面積有限，一應炊具就只好吊掛在牆上。

另一位叫阿蘭的工人和丈夫在廣東道的一幢唐樓租用一個分隔小間，月租18元。雖說樓宇已接了電，租戶們為圖便宜，寧可大部分時間點油燈照明。走廊裏擠滿了孩子。在這些孩子中間幾乎沒有在日校上學的，連上夜校的也少得可憐。這一套房間如果住上3家租戶還是挺寬綽的，但實際上住了9家，共26人。類似的住宅中更有一些甚至供多達20家的住戶租用。當時，在私人出租的唐樓中，此種情形屢見不鮮。

26
50 年代的市區面貌。

27
一家七口一張床。
(1960)

28
樓房窄了。(1960)

29
樓房矮了。(1960)

30
防"狼"有術。(1960)

27

28

29

30

31

佐敦巴士總站。50 年
代初，大多數香港人
居於唐樓。父母忙於
生計，剩下孩子欠人
照顧。(1956)

32-36
50 年代，住在唐樓的
孩子大都沒有在日校
上學，就連上夜校的
也少得可憐。

32-33
從前，刷鞋是一種低
賤的職業。然而唸書
要付錢，刷鞋卻可以
賺錢。(50 年代)

34
麵粉娃娃的攤子來到
樓下！(1953)

35
玩累了。(1950)

32

33

34

35

　　過度擠迫的居住條件造成許多問題，諸如：衛生、健康、垃圾處理、供水、火災危險和房屋維修。此外，還有各種社會問題。由於缺乏社區設施，活動空間狹小，兼之小孩日夜哭鬧吵人，鄰里和住戶之間難免衝突不止。高峰時間為了爭用盥洗室或廚房非得一等再等，終至爆發口角，也是常事。

　　總的來說，在戰前以及戰後最初幾年裏，提供住房的工作是留待資源有限的私人機構去承擔的。政府只負責向公務員，主要是中高級的外籍公務員，提供住房。公務員住房按 2 至 3 層的維多利亞式建築設計，居住條件與在英國本土的條件相似，而大大優於香港居民中的絕大多數。這些房屋都比較寬敞，廚房、浴室、廁所、陽台及一應設備俱全。

　　太平洋戰爭以後，新的唐樓陸續建起，其中不乏偷工減料的建築，乘着時勢混亂逃避官方規定的管制。1955 年，建築營造法規生效，建房可以更加雄心勃勃放開手腳了。新建的樓宇往往佔據 4 幢或更多原先舊式唐樓的面積，然而單個房間的大小比以前的差不了多少。承重磚牆和木質地板終於被鋼筋混凝土所替代，木窗亦被鋼窗所替代。根據每人 3.2 平方米的標準，規定了住處每 8 人必須至少有一個廁所以及一個附帶水槽和一應供水裝置的名副其實的廚房。然而，此種新式建築技術和建造大面積屋宇的法律新規定，加上全港幾乎所有種類

的房屋無不擠迫過甚的事實，以及香港高租金和高密度居住的傳統，自會導致多種弊端。對此，1963 年的一份政府報告曾作了令人信服的敘述：

> "在以投機方式建造的現代新唐樓內，條件往往與戰前唐樓或木屋區一樣惡劣，甚至更為糟糕。租戶入住先得預付鑰匙費，然後就是逐月高得不能再高的租金；另一方面，租戶看到社會對住房的需求日益迫切，此中有利可圖，於是便不顧建築物條例對於建築面積最低限度的規定，把自己租下的房間一一分隔——倘若房東原先還不曾分隔的話。分隔而成的小室光線和通風比之分隔之前自然更差。也有的租戶根本不必再去費心樹起隔板，因為在三室一套的房間裏擠迫地住入 60 或 70 人的情況決非絕無僅有。"

　　根據 1955 年的法規，不足 10 層的樓宇不一定要裝電梯，所以，當時的樓宇很多都是 9 層建築，式樣基本上依循唐樓，有一道樓梯通每家住戶，一般的還有一道後樓梯。另有一些建築物在每一層設一條一端可供出入的走廊通達每家住戶。最後一種式樣則是基本上與政府的第一型徙置屋邨相同。

　　上述這些房屋存在了 10 年之久。1966 年的新規定（這些新規定是從 1963 至 1966 年分階段生效的）使房屋建築又變了樣，要麼是高層，要麼是稠密建築，而不再是既高又密。這樣的房屋，通風大大優於從前，還有了電梯。倘若是高層建築，內部結構不再採用走廊方式，而是代之以每戶門口的過道，直通中央電

鑿壁聽書。(1954)

梯井和主樓梯。60 年代末期，政府還作出越來越多的具體規定，對於持租賃執照房屋的內部空間使用予以限制，但是對於私人樓宇的高密度租用情況卻是鞭長莫及。社會生活水準的日益提高更進一步促使新建住房在外觀和式樣方面不斷得到改進。

1970 年的多層大廈業主立案法團條例要求多層大廈內的業主組織，共管大廈的公用地方，費用公攤。這一法規對於此類大廈內清潔情況的改善大有裨益。

行文至此所提到的各種建築通稱唐樓，亦即中國式房屋。唐樓區別於洋樓的本質特點在於樓內的隔牆並不是原來建築的一部分。直到 60 年代，唐樓五花八門的使用方式以及分隔小房間的出租都還保存着社會民生的每一特徵。甚至到了今天，雖說整個的唐樓體系至少已開始搖搖欲墜，但舊日之情況在很大程度上仍是如此。這樣一幢房屋頗為符合不斷改換職業但希望能夠盡量找一近便住處的工人的需要。這些人在家的時間極少，故而願意在一個餐廳林立、文康生活便利的鬧市裏以盡可能低廉的租金覓得一個住處。同時，這種房屋還切合社會上多種廠商的需要，這些廠商向各自的僱員，特別是單身男子，提供宿舍。早先，這種房屋當然首先為了適應移民覓屋棲身的需要。另一方面，從以高昂租金牟利者的角度說，這樣的

房屋顯然很對胃口；至於那些三房客，這類房屋使他們得以在土地昂貴的市中心附近覓得寸錐之地棲身，租金雖昂，總還在他們的財力可以應付的範圍之內。

60 年代，兩個因素綜合作用，使唐樓所承受的壓力有所減輕。一大因素便是公屋房源不斷擴大；另一因素則是人們，特別是年輕一代的父母，越來越有能力也更願意入住獨立單位。50 年代那種極度的擁擠狀況已有所緩解。唐樓一個樓層上住了超過 30 或 40 名成年人的情況，在西環和油麻地仍然可見，在那些出租床位給單身男子的唐樓內，也還在這種情況；但是，這類數字正在變成越來越罕見的例外。1977 年，住在一個標準樓層或面積相倣的二手分租單位內的居民一般大約是 12 至 15 人，而鮮有少於 8 或 10 人或多至 22 人以上的。事實上，在住房問題上，就像在其他方面一樣，香港已經渡過最艱難的歲月，可以開始喘一口氣了。原來把住房分隔成小間的居民拆除隔板，把房客騰出的空間收歸自己使用。即使在唐樓，居住條件也開始改善，雖然改善速度仍然緩慢。

37-38

上環必列啫士街數幢
戰前樓宇於 1991 年
10 月由私人發展商收
回拆卸，重新發展。
樓宇內居住的多是高
齡單身人士，無力搬
遷新居，只得等待社
會福利署的安排。

37

樓宇面臨拆卸。

38

為防滑倒，蹲下為
宜。

39-40

西環太白台 4 幢戰前
樓宇的居民 1991 年
與發展商因收樓賠償
問題發生糾紛。事件
中，受影響的居民達
40 多戶，其中只有 19
戶已申請了公屋，有
17 戶因為是在港未住
滿 7 年的新移民，故
沒有資格入住公屋，
而只可能被徙置入住
臨時房屋。

37

38

39

40

41

高陞街。(1956)

42

上環。一些唐樓之間隔有
小巷，在幽暗的角落，每
每可以發現蹲着一個"道
友"在瑟縮。(1960)

42

43

上環。住家周圍的小街陋
巷滿佈食肆、市場、貨倉、
雜物房，地上還少不了一
條惡臭難聞的下水道。
(43:1965，44:1956)

45
灣仔小巷。(1961)

46
上環。(1956)

42

47

47
灣仔一着火唐樓的搶救情形。(1955)

48
雨後的告士打道。(1961)

木屋區及徙置大廈

多年以來，香港木屋區的居民人數一直隨着全港人口以及房屋問題的情況改變而變化。1956年木屋區居民約佔香港總人口的10%；這個比例很快增大至20%，而在1964年躍至最高點，人數約55萬人。從那以後，比例漸次下降，1966年是17%；1968年是13%；1980年跌至5.6%。

有證據表明，在香港木屋區居民之中，自舊式唐樓遷出的居民同來自大陸的新移民一樣眾多。當然，戰後木屋區的大片出現乃是移民從大陸大規模湧至的直接結果。大批新移民一抵香港就自建、購買或租用木屋。但是，根據1952年和1954年的兩項調查，木屋區居民中大約有一半都是在香港土生土長的，要不，就是自1946年甚至更早以來一直居住在香港的本地人。雖說聽上去令人訝異，事實是不少新移民把原來的居民擠出了一幢幢唐樓而取代之。看來，先來還是後到，並不能區分木屋居民和非木屋居民。

香港大學1968年的調查顯示，在接受調查的木屋居民中，有一半以上在遷居木屋之前，原先都住在唐樓；他們都是在1960年之後才成為木屋居民的。在被問到為什麼居住木屋時，最普遍（佔45%）的回答是：以圖免租或租金低；有17%的人回答說是為了住得寬敞一些；另有19%的人則是因為原來的住處被拆毀。看來，把居民從那些為重建之需或因屬危樓而必須清拆的建築物中強行遷出，在短期之內，反而使住房問題更加尖銳突出；當然，就長期而論，強制搬遷還有助於日後城市中心區重建問題的解決。

木屋居民一方面固然具有因地而異的特徵，另一方面卻或多或少有一個共同點，這就是，按照一般看法，木屋居民都住在法律不允許他居住的範圍之內，而房屋又總是權宜性的簡陋木屋。

香港各式各樣的木屋都集中見於市區。在港島，木屋主要分佈在以下地點：大坑、銅鑼灣、北角和筲箕灣一帶的小山頭、柴灣以及港島南部的一些村落。在九龍，最大的木屋區分佈在獅子山一帶，起自九龍西區大埔道下方，經過石硤尾、大坑西、九龍仔、九龍城、東頭邨、竹園、鑽石山、牛頭角、觀塘和秀茂坪，一路向東展延。幾乎所有的木屋區都地處市區

49
筲箕灣愛秩序村木屋群。
(80年代)

50
成安村村民購物回家,得
先上山然後再拾級而下,
才能到達家裏。(1978)

51
獅子山腳是本港木屋的主
要聚集地之一。(1965)

50

51

邊緣。但是，水上木屋區幅員更為廣闊，深入鄉村地帶，包括新界的許多小漁村乃至離島。

事實上，唐樓租戶所付的房租遠比木屋租戶為高，在 1971 年，香港居民之中有超過 30% 的家庭每月繳付 100 元以上的房租，而在木屋居民中僅有 5% 繳付同樣的數額。免租或租金低廉乃是木屋居民不願遷離木屋最重要的因素。

木屋區普遍居住條件十分惡劣。香港的木屋區大多建於陡峭的山坡，但山坡地帶原不適合於建屋，所以，一間間木屋便依地勢採用各種角度搭建，更有一些依靠木柱支撐，顫巍巍地突懸在山邊。在低坡帶的平地上，大片木屋沿一條條羊腸小道搭建，擠迫不堪，有時甚至出現疊床架屋現象。近年來，羊腸小道上都鋪上了水泥，但在山坡之上仍有許多清一色的危陡小徑，人們在此行路非得在一塊又一塊的岩石上跳躍通過。偶爾，木屋居民的街坊協會會在一些行人特多的難行路段架設木梯。

木屋區給人的總體印象是雜亂和貧困。木屋建築不循一定之規矩，其中約有 2／3 基本上都使用木料、薄鐵皮和石棉瓦頂搭建而成。大多數木屋都是 2 米高的平房，但早期木屋要比這寬敞，建築也較精心。木屋區也有用石、磚和鋼筋混凝土建造的永久性房屋。

木屋的地板一般都是將水泥抹平即成；木屋平均面積是 3 米乘 3.6 米，通常用木板或硬紙板分隔成兩小間。兩間屋子都得用作臥室，只是前屋一般兼作家人起居和進餐之用。只有 1／3 的木屋裝有玻璃窗；更有些木屋則是根本沒有窗戶。木屋雖小，比之唐樓內的許多窮苦租戶，居住空間倒是更大一些，或者至少一樣。

許多木屋區沒有電力供應，居民普遍使用煤油燈。有些木屋區內，絕緣不良的違法電綫縱橫交錯，從附近有電屋宇搭出，散亂地懸垂於木屋和小徑上方，一直通進木屋或木屋區工場廠房。搭綫偷電不時釀成火災和其他傷亡事故。

52
建於石山之上的筲箕灣愛
秩序村，小徑迂廻曲折，
村屋就地取材，石板泥牆，
建立於山徑旁邊。村民以
客家及潮汕人士為多。
(1953)

53
觀塘秀茂坪木屋區。(80年
代)

54
早期的公共房屋（第一、
二型）重量輕質，居住設
施嚴重不足。大坑東邨（已
拆卸）即為其中一例。

53

54

木屋區最令人膛目的照象是髒亂:暴露的下水道;不加清除的垃圾;更有甚者,有一些地方的下水道和陰溝旁隨處可見的糞便。85%的木屋居民沒有自用廁所。公共廁所和公用流動浴室由政府設置提供,平均每 100 名木屋居民有一個花灑。廁所全無抽水沖洗設備。

木屋區一片髒亂的景象,部分原因在於缺水。很久以來,缺水始終是全港居民屢屢碰到的一大難題。例如,1967 年夏季,自來水供應曾有每 4 天供水 4 小時的限制。不過,對於木屋區居民來說,由於水龍頭缺乏,用水問題自然更為嚴重。所有木屋區都沒有完整的管道自來水,雖說有些木屋搭建於溪水之旁,但由於香港特多陡坡,溪流常在冬季乾沽。60 年代末期,政府曾被迫向每 500 人提供一個水喉;據 1968 年的一項調查記載,大多數木屋居民從公用龍頭取水,而 37% 的人仍用井水和泉水。

大火、颱風和暴雨是木屋居民最為兇險的大敵。

在香港,很難嚴格區別木屋居民和城市中心區內的貧民。就家庭收入、教育程度和職業等級而論,一般說來,木屋居民均較香港居民平均水準為低;從社會和經濟的角度看,木屋區居民應屬社會的最底層。

從香港成為殖民地的第一天開始,擅建木屋始終是一大社會問題。香港政府曾經非常敵視木屋居民,其使用的手段包括:在總體上醜化、防止新建木屋、強行驅遷木屋區新居民、清拆木屋以及對於已建木屋蓄意棄置不管。

1953 年聖誕節前夕石硤尾木屋區的一場大火使 5.3 萬人無家可歸。大批災民塞進唐樓暫時居住,有些則在深水埗沿街或躲進建築物拱廊棲身。提供救濟食品和其他物資耗費極昂,據 1954 年估計,每日費用達 5 萬元之鉅。政府一算,用於救濟災民每兩星期的花費即可建起一幢 6 層的徙置大廈。因此,政府便大量興建徙置大廈去容納火災災民。

楊先生和他的一家,包括妻子、母親和 3 個子女,是 1953 年石硤尾木屋區大火的受害者。楊氏一家無力租用唐樓,只好在一條街的行人道上,用厚實的紙板和廢鐵皮,圈出約 7.4 平方米的面積,搭起一座屋子暫時棲身。夜裏,一家人全擠睡在地面的一塊紙板上。生活設施一概闕如。大清早,楊先生便離家去一家咖啡館找散工;終於,有一天,楊先生在一家木廠找到了一份鋸木工的活計,每天帶上一把鋸子到廠裏去鋸大木。楊先生一天工作 10 小時,每天掙大約 1 元 5 角。這點錢僅夠一家人一日早晚兩頓餬口。

楊太在家照顧孩子之餘,也去鄰近一家工

55
黃大仙的舊式公屋，遠看
儼然"白鴿籠"。

56
大坑東邨的單位內沒有廚
房，煮食只好在走廊上。
這是大部分舊式屋邨的共
同情況。

55

56

廠撿拾物料，供編織籃子之用。夫妻倆共同努力，終於積攢了足夠買回一部衣車的錢。用這部衣車，楊太不但縫製全家人的衣服，還為一家成衣工廠縫製褲子。每當編織草籃和縫製褲子的生意不景氣時，楊氏一家偶爾也從幾家塑膠工廠領回裝塑膠膠花的計件活兒來做。在較為年長的兩名兒女的幫助下，楊太每天可掙1元補貼家用。

露宿街頭數月之後，楊家來了一名徙置事務處官員，往牆上貼出一紙通告，通知楊氏一家可以遷入一個徙置屋邨單位。楊氏一家收拾細軟，租下一輛貨車，搬入新近落成的徙置屋邨，那小屋子不久便被清拆。楊氏一家分得四樓外側的一個11平方米單位，比起那些靠近中央走廊或在較低層的既陰暗又潮濕，終年不見陽光，又毗鄰公用廁所和盥洗室的單位，算是不錯了。楊氏的這個單位最初的月租18元。徙置屋邨的居住條件遠未達理想的標準，但與先前的街頭小屋相比，居室雖簡陋狹小，至少防火防風，且有了一個較為衛生的環境。

政府最初的緊急徙置計劃要求建設屋邨

安置火災災民以及木屋拆遷戶，建造標準極低，每個成年人的可使用面積只有2.2平方米，10歲以下兒童減半。屋群由6至7層的H形建築構成，屋內僅在中央走廊設有公用的洗衣、廁所和沖涼設備。這類房屋無電，當然也無電梯。每個單位的標準面積是11平方米，供5口之家住用。但是，當時正處出生率高漲時期，所以隨着一個又一個的孩子出生，每一個單位的居住人數都會很快增加。這類屋邨建築的內部是不加裝修的：不塗泥灰的四壁，不加塗料的毛糙水泥地板。住戶在搬入之前非花上一大筆錢裝修不可。由於屋邨內不供電，居民們就在屋外非法搭綫偷電，不久之後便在屋群之間形成危險懸垂的電綫網。這些非法電綫直到幾年後屋邨接電之後才拆除。

徙置區的單位背靠背建成，只能從房外走廊進入房間。頭10年建築的徙置區，幾乎沒有任何社區設施建設的計劃。在屋邨底層固然闢出了位置供以前的店主設店營業，但遠遠不能滿足居民的需要。這樣，居民就不得不從小販處購物，而從事小販業又使許多找不到其

57
「大佬唔該快啲手，夠鐘
倒垃圾啦！」
早期徙置區的倒垃圾方
法。(圖片來源：1955年香
港政府徙置事務處)

58-59
成安村清拆前（1984）後
（1990）。筲箕灣自戰後
即已開始出現木屋區，後
來更有石屋，一直以來，
該區木屋拆拆建建，仍持
續存在。直至1990年，清
拆行動才告全部完成，現
時木屋已一間不剩。

58

59

他職業的屋邨居民生計有着。由於小販人數日增，屋邨建築物之間的空地很快就被非法店舖、排檔和小販佔滿。雖說徙置事務處時而派員清場，小販繼續存在了相當長的一段時間，這是因為居民們迫切需要小販，也因為小販們為餬口而拼力抗爭。

在這類早期屋邨的建築中看不出多少規劃性，要有的話，也只是倉促草率的規劃。大廈內沒有垃圾槽設備，所以，居民們往往從走廊把垃圾朝外一倒完事，加上戶外小販留下的垃圾，屋邨的衛生狀況極為糟糕。社區設施明顯不足。除了設立幾所學校，其他如診所、托兒所、市場、圖書館和俱樂部之類的設施都不具備，這些服務部分只好靠各宗教和福利機構提供。房租極為便宜，一個標準單位月租僅14元。確定租金的根據是40年分期償還包括清償貸款在內的建築費用，而地價和地盤費用則由政府津貼資助。徙置區的租金比木屋區的租金低廉。

1954年徙置事務處的設立，標誌着戰後香港政府積極介入木屋問題的10年努力的開始。設處目的是對付木屋及徙置問題。徙置處首任署長在報告中指出：

"對我們的要求，主要的並不是改進這一違法社會階層的居住條件……我們的任務是設計一種快速見效又切實可行的方法，以至少並非昂貴得令人卻步的代價，根據全社會的利益，去消除那些環境最為惡劣的木屋區給我們造成的火災危險以及對公共衛生和公共秩序的威脅。"

徙置事務處設三大職能部門，分別負責木屋管制、清拆和徙置，以及徙置區的管理和維修工作。

所以木屋區從1954年8月起將予"凍結"，未得當局批准的木屋不得再建，而凡經認定搭建於1954年8月前的木屋則一概稱之為"容建物"，予以特殊標識並登錄備案。誠如"容建物"這一名稱所示，這些木屋建築被允許繼續存在，直到為改建永久性房屋而必須拆毀，以及居民入住徙置區後為止。徙置事務處官員如果發現僭建新木屋或違法擴展"容建物"，應規勸當事人拆除；若規勸無效（多數情況下規勸總是無效的），則由徙置事務處遣員拆毀。

縱然政府採取了強硬的阻遏和防範措施，木屋居民人口在60年代初期以大大超過以前的高速度繼續增長。原先重在阻遏、驅逐、拆毀的木屋政策已經失敗。新的且已為政府所採納的方案實際上是換湯不換藥，只不過藥效更為劇烈罷了，因為方案主張以更快的速度和更

60
兩層高的臨時房屋，區內
街巷亦算清潔。(80 年代中
期)

高的效率實施清拆，並把木屋居民徙置到高密度的多層屋邨。從 1957 至 1963 年，每年清拆木屋平均約 9,000 間，到了 1963 至 1967 年間則上升到每年平均約 1.6 萬間。（70 年代後期，又降至每年 9,000 間。）1973 年，政府宣佈了一項耗資數百萬元的十年建屋計劃，主要目標是在 1973 至 1983 年的 10 年期間向 180 萬人提供住所，以期完成木屋的全部清拆工作。之所以設想這麼一個解決方案是因為政府運作富有效率，香港經濟持續繁榮，而港人又是如此之被動成習。

綜觀政府的木屋政策，我們不難發現，政府的木屋政策竟在長達 30 年（1953 至 1983 年）的時間裏基本不變，對木屋居民的需求所作的回應亦不是全心全意的，而是帶有權宜之計的味道和很大的選擇性。甚至可以這樣說：政府只有在受到某些條件制約時方會作出回應。以下是一個好例子。

1979 年 10 月，黃大仙的馬仔坑木屋區發生一場火災。要求徙置九龍的 4,000 災民對於政府提供的大埔或粉嶺臨時房屋區的兩種徙置辦法均不滿意，於是召開記者招待會並舉行靜坐抗議。房屋署立場堅定，拒不讓步。後來，災民們提出沙田臨時房屋區作為妥協方案；房屋署方面同意在沙田新關一區（但要在 10 個月後始可啟用），安頓在香港居住已滿 7 年的災民，而居住期不足 7 年者則仍須徙置到大埔。災民團結一致，堅決要求不分居住年限一概徙置沙田，並宣佈如果要求得不到滿足，將在火災現場重建家園。最後，在 1979 年 10 月 19 日，房屋署終於接受了災民全體徙置沙田的要求。

馬仔坑事件的善後並未就此完全解決。在等待徙置期間，近千名災民不滿意當局的安排，要求入住市區的臨時房屋。房屋署最終同意在橫頭磡劃出一個區域，由災民自籌資金重建家園，從而解決了僵持局面。可是，到了 1981 年 7 月，先前馬仔坑的木屋居民、現居橫頭磡允建區內的 260 人新建之木屋突遭清拆，官方勒令居民遷往沙田。居民抵制，與房屋署官員和警察發生直接衝突，最後以失敗告終。

在事件過程中，政府為平服民憤使用了各種手段，包括游說、勸喻、分化乃至威脅使用武力。政府向木屋居民的要求讓步，出於幾個原因。火災災民鍥而不捨團結一致是原因之一；另外，社會輿論同情災民；更何況，災民提出的如果政府救援乏術便在火場原址重建家園，乃是一種合情合理的做法。

61
摩理臣山木屋區一景。
(1950)

62
牛池灣村的小孩在街上看
到什麼便玩什麼，大人也
置之不理。(1954)

63
九龍城南道的街坊在公用
水喉取水洗衣，這種情況
當時到處可見。(1954)

64-65
山村之上並無自來水供
應，居民得挑着膠桶、鐵
罐，翻過山頭，到水井取
水。天旱時期，居民更得
開井浚溝，增加水源。圖
為銅鑼灣芽菜坑村居民。
(1962)

66-67
芽菜坑村的兒童於天旱期
間上山取水。(1962)

68

68
1953 年，白田上、中、下
村、石硤尾村、窩仔村，
以及大埔道附近的一條村
都曾發生火災，合計燒燬
木屋 3,000 餘間，災民達 7
萬餘人。

69
木屋區火災災民露宿九龍
城街頭。(1953)

70

70

20 世紀 50 年代初，單是銅鑼灣的芽菜坑山頭就居住了近萬人家，密麻麻的木屋蓋滿了幾個山頭，小徑縱橫，迂迴曲折，居民們早出晚歸，翻山越嶺，苦樂盡在其中。但誰也想不到，這人口密集的龐大木屋區，在 1951 年間遭到強拆的命運。在短短不到 10 天的時間內，居民被迫毀棄家園，絕大多數流離失所，苦不堪言。圖中婦人回到木屋區清拆現場。

71

芽菜坑木屋區清拆現場。
(1951)

72-73

隨着芽菜坑木屋的拆遷，
相連的畢喇山木屋區也難
逃清拆的命運。由於拆遷
限期的緊迫，該處山區的
居民在香港工會聯合會及
幾間中學師生的協助下，
大清早齊集山區，有秩序
也有計劃地，群策群力，
以排隊傳遞的方式，把每
一家的衣箱行李，從迂迴
高陡的山徑逐件送到山
下，充分表現出團結友愛
的熱情。(1963)

74

黃大仙的菜市場，是提供
區內居民日常餸菜的主要
地方。(1967)

75
黃大仙居民一年難得有機
會觀看街頭表演，舒展一
下心情。(60 年代末)

76
汽球在空中飄揚，五彩繽
紛，剎是好看。可惜袋裏
無錢，小朋友只有看的份
兒。(1952)

77
這所女青年會屬下的天台
學校學童的可愛神情也吸
引了許多圍觀者。(1965)

78
大人不在家的時候，輪候
食水便成為小孩們的重要
工作。(60 年代制水期間)

79
為了多做生意，黃大仙的
茶寮通常都會把座位擺到
大街上。(1964)

78

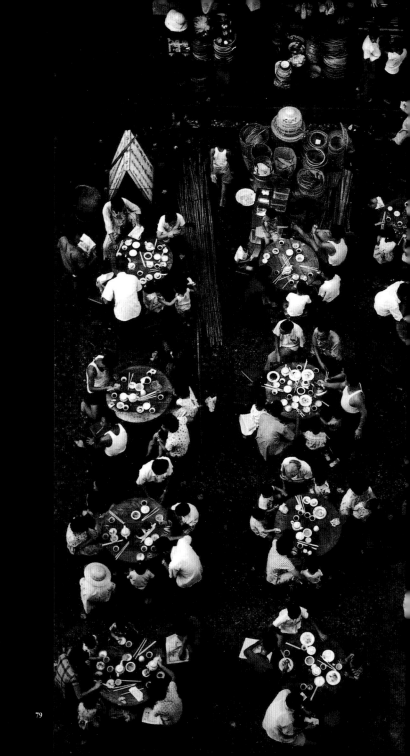

漁村

漁業和農作是早期香港居民的兩大生計。早期的居民聚居點都設在沿海平原或海灣區的谷地，因為這兒的港灣有屏障之利，不受東北季候風和颱風影響。漁民出海捕魚回來，都把漁船泊在灣區。內陸的農業向漁民提供了糧食、蔬菜、家禽和其他物品，漁民則為農民提供海產食物，兩者相輔相成。

本港早期的漁村星羅棋布。除了維多利亞港的筲箕灣和鯉魚門，當年的漁村尚有港島的香港仔和赤柱、新界的西貢、大埔和屯門、大嶼山的梅窩、東涌和大澳，以及長洲和坪洲等離島。

在諸如香港仔、長洲和大澳等漁村中，既有陸地居民也有漁艇船民。漁民之家大多數都住在船上，並無陸地居處。時光流駛，漁船漸漸陳舊殘破，於是下錨泊定，再不出海作業，慢慢地終於成為潮汐綫之間前灘上的船屋。後來，在船屋之旁，那些無處棲身的人們又搭建起一座又一座的簡陋木棚，從而逐漸形成一個水上木屋區。大埔最大的水上木屋區之一元洲仔，在 70 年代後期被拆遷並改造重建。政府還計劃在大澳清拆水上木屋區，把居民徙置於附近新建的公共屋邨之內。

漁村水上木屋區的居住條件極為惡劣。人們在漁船上生活，又在漁船上死去。男人駕着大船出海打魚，以此謀生；婦孺則留在前灘的船屋裏過日子。漁民們難得上岸，尋常日子都從水上舢舨小販處購買一應生活必需品。漁家孩子，即使到了 6 歲，也鮮有上學讀書的，而是就這麼玩樂在船上，成長在船上，直到能夠幫助父母打魚。船屋或水濱木屋的面積一般都不大於徙置區單位面積，通常供 4 至 8 口的一家居住。廁所、盥洗、廚炊等設施一概闕如。一些漁民在漁船甲板上生火煮飯，也有的在岸上搭個極小的棚子動炊。在某些村落，雖有公

80
元洲仔早期棚戶密集，由
於漁獲較豐，門前一片棚
架，盡作曬魚之用。(1964)

81
於筲箕灣正在縫補漁網的
棚戶老婦。(1954)

82
在鴨脷洲船廠對面木屋棚
戶窄巷底下的老婦人。(80
年代)

81

82

78 廁和公共浴室，但衛生狀況也極為惡劣，垃圾以及未經處理的污水都往船屋底下傾倒。由於水上木屋區多位於灣頭等地，潮水無法沖走垃圾污物，結果，岸邊終年臭氣薰天。

除了漁業和農作，多數漁村還從事船運、修船及造船等行業。例如，香港仔鴨脷洲的北岸就曾建有多家造船廠，專事漁船修理和遊艇承建。這些造船廠大多並無重型機器設備，產量低下，每年僅建造為數有限的幾條船而已。

83

84

85

83-85

漁港內的船隻往往一艘挨
着一艘，用繩子繫在一起，
以免漂盪，可是一旦觸發
火警，便成"火燒連營"
的局面，牽連甚廣。

83

1986 年 12 月 26 日凌晨，
一盞打翻了的油燈引發了
鴨脷洲海面一場熊熊烈
火。

84

天亮以後，滅火輪仍在繼
續向災場噴水。

85

兒童在災場找尋遺物。

86

鴨脷洲造船廠遷拆。(1989)

87
大埔漁村元洲仔。(1956)

88
當年的大澳漁棚，一般是
茅蓬結紮，木柱支撐。
(1954)

89
潮退的時候，南生圍的泥
濘班駁，污濁不堪。(1954)

90
1954 年的元洲仔。

91
大埔海面的漁船。（1956）

92
大澳漁村。(1953)

88

89

90

91

93

94

95

96

93
大澳鹽田。(1953)

94
筲箕灣船艇上排維修。
(1954)

95
從前，長洲東灣一帶山頭
草坪寬廣，最適合漁民曝
曬巨型拖網。此種拖網乃
作遠洋捕魚之用，如今拖
網的形成大變，此種情景，
已難得再見！(1953)

96
當年的漁艇撲拙笨重，又
由於長久淹在海水裏，往
往長滿蠔蟲，艇戶值退潮
之際，以禾草燂船，清洗
修理。(1954)

97
長洲東灣岸邊，漁民正在
曬網。(1960)

98
筲箕灣淺水碼頭外的艇
戶。岸邊漁船密集，孩子
們就在小艇上過活成長。
(1953)

99
大澳漁區吉慶街，石板的
街巷，樓高兩層，而更多
的低矮的平房。孩子們平
日甚少娛樂，遇到節日，
大家才難得群聚街頭，揮
舞火燈，歡樂一番。(1957)

98

100

101

102

103

100-101
鴨脷洲漁港內，漁船不須
出海時便擱在船排上。小
孩子習慣了攀爬又長又
陡的木梯回家。(100:1977,
101:1954)

102
鴨脷洲漁村街頭。漁村內
並無自來水直接送入各家
各戶。(1977)

103
筲箕灣淺水碼頭村。(1954)

104
住在鴨脷洲漁村的老伯。
(1977)

105-108

老漁民李伯夫婦幾十年來居住在大澳大涌口（目前的新基橋畔多條河涌的中間點）岸邊的一間破舊狹小的茅棚裏。每天從清早以迄晚上，以大涌口岸邊為基地，他倆不停地以舢舨小艇，接送大澳水鄉的街坊和漁民上街返棚為生。

後來棚戶破毀，他們把爛舢板搬上了岸邊，兩老相依為命，生活靠人救濟。其後，他的老伴病逝，剩下李伯一個，在某一個晚上，衰老的李伯不小心踢倒了船上的一盞火油燈，竟然就活活的給燒傷死去。最近只剩下殘破零落的爛船支柱！這幾幀照片概括紀錄了這兩個老漁民夫婦大半生艱苦的經歷。

（105:1955, 106:1960, 107:1972, 108:1978）

106

107

108

109

筲箕灣淺水碼頭一帶，當年有一條寬闊的排水河道，沿着大街直沖出海。初期只有艇戶聚居，其後人口大增，逐漸形成了近萬人居住的棚戶密集地帶。棚戶木柱支架，結構簡陋，由於長期排出廢物，潮退時臭氣沖天，環境十分惡劣。窮家孩子，就在涌內撿拾嬉戲。往來棚戶之間，依靠着一條狹窄的木板通道，十分不便。(60年代)

111

筲箕灣愛秩序村及淺水碼
頭村大火後的情形。(1970)

112

圍村

　　與中國眾多的農村地區相似，新界頗有幾處傳統的村民聚居點。這些村落中有幾個是按築圍牆自成群落的形式建成的。錦田的吉慶圍可算是一個典型例子。縱然村中個別住戶的房屋迭經改造，圍村的總體面貌一仍舊貫。今日的圍村，數十間古老村舍間以一些現代建築，相映成趣。村民進村必須經由村寨大門。除去圍牆，村子三面更由塹壕包圍，以免外人闖入。圍村居民中的大多數往往歸屬同一宗族。在新界圍村，佔壓倒優勢的是客家人，通常都是同姓。

　　大多數圍村村民都曾經繼承祖傳，種穀務農。然而至 20 世紀 50 年代末期，傳統的稻米耕作開始讓位於大陸移民引進的蔬菜和花卉種植。很大一部分村民，如新田村大姓文氏，則飄洋過海去了英國，以經營中國餐館為業，嗣後更擴散到歐洲各大城市。餐館業生意興隆，結果源源不斷的海外移民匯款很快改變了新界圍村的貧窮面貌，使之繁榮發達。許多老屋被拆毀，改建成三層的現代小別墅。年輕一代深為新市鎮所提供的諸多機會所吸引，因此今日在新界繼續務農的只是屈指可數的幾個老人了，原先的耕地之中亦有一部分或改作倉庫區或劃入新市鎮發展區。

112-118

圍村這種傳統居住型態至今雖仍然存在，但變化卻也不小，如新生代有的已遷居外地。不過，圍內保存了許多傳統特色，可讓人了解昔日的生活面貌。

112-116

沙田曾大屋。(1991)

113

114

115

116

117-118
粉嶺圍。(1991)

119
柴油火車經過大埔。(1954)

117

118

120
大嶼山長沙。(60年代中期)

121

121
元朗鄉間，鄉民挑着籃子，
正在返家途中。**(1954)**

122
昔日的元朗鄉民在家附近
赤着腳放牛。**(1955)**

122

123

123
元朗南生圍水旱。（1962）

124
元朗吉慶圍。(1954)

124

元朗水鄉，小孩子在屋外空地上"玩泥沙"。(1954)

這是典型的新界石屋，兩邊門、瓦頂、兩層高。從婦人的服飾，可知她是客家人。(60 年代)

125

飛越明天

A Leap toward Tomorrow

城市發展與房屋策略

響了城市發展。

在過去的 40 年裏，香港城市建設飛速發展，經濟飛速增長，因而成為世界這一地區首屈一指的繁華大都會。就城市發展而論，起初，只是圍繞港口以單一中心密集發展，然後向周邊延伸為模式。但是，從 60 年代後期起，政府推行了一項旨在分散人口的新市鎮規劃，於是就出現了多核心的發展模式，使城市體制發生等級式的變化。80 年代初期，政府發現新市鎮對於私人樓宇投資者缺乏吸引力，而在主要的市區人們對房屋的需求則越來越大，加上舊市區各種問題變得日益尖銳，於是便重新檢討城市發展的諸項對策。1987 年的長遠房屋政策、1988 年土地發展公司的建立、1988 年宣佈社會各界討論的都會計劃以及 1991 年公佈的此計劃的選定對策，導致一種被稱之為"回到港口"的發展策略的形成。在滿足預計要求的過程中必須擇定新的和舊的建築地盤，因此，上述一應新的對策自然就確定無疑地影

未來的模式

長期房屋政策認定，人們對無資助購買居所的需求日增。這種需求一方面會刺激市區的土地開發和重建，另一方面將促使房地產發展業進軍內環新市鎮。同樣，市區周邊交通網絡內具發展潛力的土地亦必將全部用來發展中等收入家庭的房屋。

有鑒於此，香港的城市結構將會發生重大變化。顯然，城市體制將隨着新市鎮的成熟壯大和市區的發展重建而變得更為細密複雜。把更多的市民轉移到新市鎮之後，這些新的居民點作為居住和零售商業中心，將贏得更大的重要性。由於中產階級住宅區向某些新市鎮擴展，而在市區周邊又出現了更多的新建公屋，表現在居住空間方面的傳統的階級分隔現象將漸變模糊。總的看來，市區仍將佔據支配地位，容納着人口中的大多數。同時，內外兩環的新市鎮將漸次形成。屬內環的有荃灣、沙田和將軍澳；屬外環的有屯門、天水圍、元朗、上水／粉嶺和大埔。建基於社會經濟條件的中心輻射模式將會形成，由核心地區引伸出一條條的下斜曲綫。

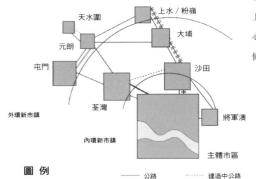

圖 例

130,000 目標人口

------- 公路   ·········· 建造中公路
++++++ 鐵路   ············ 輕便鐵路
──── 地鐵   ------- 計劃中的輕便鐵路

128

90 年代香港城市模式。

129-130

90 年代的香港。

129

130

　　但是，90 年代香港的城市模式究竟怎樣，還取決於很多因素。譬如，政府已決定把機場移往赤鱲角，還決定在青衣和昂船洲兩處設第八號和第九號兩個貨櫃碼頭，這樣，市區的範圍將會擴大。市區將有一大片土地公開發售；中九龍地區的建築物高度限制將可能放寬。這些因素對於市區建築地盤的供給將有極大影響，從而更增強了在市中心謀求進一步發展的潛力。同樣地，港口設施的擴建會進一步加強港口區的向心力。另一個潛在因素是香港與大陸的工業聯繫。自從中國在 1978 年實行開放以來，香港已在珠江三角洲發展了緊密的經濟關係，除了貿易，由於把由廉價勞動力從事裝配和中間加工的一些工業生產從香港逐漸轉移到廣東的城鎮，工業方面的聯繫得到加強。隨着這一趨勢的發展，香港可能會轉而開發一些資本密集型的高技術工業門類。若果真出現這樣的情況，工業發展將依循一條不同的軌道，從而影響城市發展。總括而言，香港未來的城市發展，雖說是人口增長以及隨之而來的房屋需求使然，仍將由 90 年代的社會經濟和政治形勢所決定。

附錄：香港城市發展的模式

　　香港城市發展可以劃分作兩個階段——1973年以前的單一中心周邊延伸階段和 1973 年以後的多核心發展階段。但是，不管在哪個階段，商業中心區和港口區的商業核心地帶始終佔着支配地位。這一中心區的發展甚至在英國統治正式確立之前已經開始。

　　1841 至 1860 年最初的居民點出現在港島北岸，沿濱水綫並向南朝太平山上擴展。1861 年，九龍半島割讓與英國政府，隨之，半島內港的一些狹長沿岸地帶開始發展。大戰之後，受大陸移民大批湧到的刺激，港口兩側的地區開始變得過分擁擠。1954 年以來，九龍新區邊緣以及港島新開發地區所興建的公屋始把人口的增漲疏導至周邊地帶。

　　麥琪（McGee）和德萊卡基斯—史密斯（Drakakis-Smith）二人在 1974 年曾生動地描述了 70 年代早期香港土地使用的模式，顯示包括現代化和老式商業中心區的維多利亞港的樞紐作用。在老式的商業中心區，土地使用模式類乎其他亞洲城市，零售商店、工廠、小販攤檔、倉庫和住宅混合並存，在形態上簡直不辨彼此，從而形成一個緊湊的市中心複合體。從整體看，香港的城市形態顯示，在土地使用方面，既有中心輻射也有扇形輻射的模式。藍領和白領階層的住宅區從市中心向外輻射;高級住宅區像一個個楔子,分別插入大批的低值住宅區;而成簇成群的木屋區則散佈於郊外或市區周邊。與此同時,新興或經擴建的市鎮中心開始出現。

　　1973年之後,市區周邊及新界的城市發展逐漸加速。鑒於市區範圍內發展用地已經有限,而為建房屋和廠房又迫切需要開闢新的土地,便採取了一種以新市鎮計劃為主的人口分散政策。1973年開始推行的十年建屋計劃加快了新市鎮建設的進度。到了1982年,新界已有8座市鎮處於不同的發展階段。這些新市鎮,按照計劃,應容納從12.7萬到76.1萬不等的居民。新市鎮全由公路與市中心連結,主要的幾座更有地鐵和電氣化火車等集體運輸設施。但是,交通運輸的發展總是落在飛速發展的房屋建設之後,因而凡在高峰時間總造成瓶頸阻塞,以致交通不暢。

　　新市鎮約2／3的人口都是公屋居民,屬於中下和低收入家庭。雖說在某些新市鎮(如沙田和荃灣)亦成功地建造了中等和中上標準的房屋,這些市鎮基本上都還是社會經濟地位低下的勞工階層家庭聚居之地。新市鎮的發展使香港的階級分隔傳統得以維持不變,而由於新建市鎮一直無法吸引高級的商業活動,所以

圖一
香港市區土地使用示意圖
(資料來源:McGee and Drakakis-Smith(1974:2)

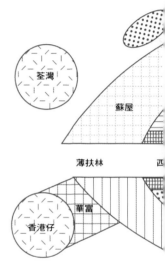

荃灣

蘇屋

薄扶林　　　　　西

華富

香港仔

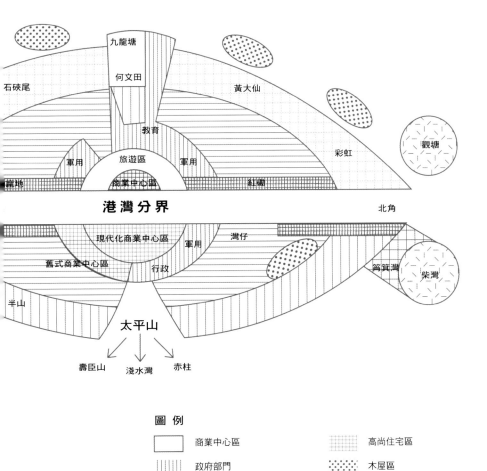

石硤尾　九龍塘　何文田　黃大仙

教育

軍用　旅遊區　軍用　彩虹

觀塘

墳地　商業中心區　紅磡

港灣分界　北角

現代化商業中心區　軍用　灣仔

舊式商業中心區　行政　筲箕灣　柴灣

半山

太平山

壽臣山　淺水灣　赤柱

圖　例

商業中心區		高尚住宅區	
政府部門		木屋區	
港口工業設施		公共房屋	
藍領住宅區及混合用途		新建或擴建市鎮	
白領住宅區			

圖二
新市鎮的公屋和居屋

上水彩園邨、彩蒲苑

荃灣及青衣

屯門蝴蝶邨

長洲長貴邨

圖例

新市鎮

九廣鐵路

地下鐵路

上水新市

元朗新市鎮

屯門新市鎮

荃灣新

大嶼山

長洲

粉嶺石湖墟天平邨

大埔新市鎮

沙田市中心區

將軍澳建築地盤

粉嶺／石湖墟新市鎮

新界　大埔新市鎮

馬鞍山新市鎮

沙田新市鎮

將軍澳新市鎮

九龍

香港

主要只能作為市中心經濟活動和住宅不足的補充。由此看來，新市鎮計劃並未充分達到分散市區發展的原旨，而只是把人口從市中心向外圍疏散而已。這一疏散政策始終支配着城市發展，直到 80 年代中期。1984 年 6 月批准的長期發展策略由於制訂下了兩種供選擇的發展策略——或將重點放在新界西北，或集中發展維多利亞港——而標誌着城市發展中可能出現的變化。1988 年 4 月宣佈的都會計劃顯示政府已決定採取"回到港口"的策略。

長遠房屋政策

1982 年開始實施的地方行政計劃、1984《中英聯合聲明》的簽署、1985 年立法局之開始間接選舉以及近年來壓力團體的蓬勃，都給政府以巨大影響，促使政府在擬訂包括房屋政策在內的公共政策時，採取更具代表性和更加積極回應的態度。因此，在 1984 和 1985 年當政府檢討房屋政策時便徵求了社會公眾的意見。結果，對於單人和雙人家庭入住公屋的資格標準放寬了，另外又對居住公屋 10 年以上的富戶實行雙倍租金政策。為了趕上變化中的環境情勢，房屋委員會在 1986 年對房屋政策

作了一次重大的檢討，以便制定一種能夠以最有效的方式滿足房屋需求的對策。結果，政府就在翌年的 4 月公佈了從 1987 到 2001 年的"長遠房屋政策"。

從根本上說，"長遠房屋政策"繼承了確立已久的目標，亦即盡快為所有家庭提供租金或樓價合理的充裕的房屋。具體說來，有以下 3 大目標：(i) 增加資助購買居屋的機會；(ii) 充分利用私人樓宇資源；(iii) 擴展重建計劃。為達此等目標，根據對住房供需的預測，擬訂了一項新的對策。

政府聲稱，1985 至 2001 年間的住房總需求是 1,087,500 個單位。當時預計，新婚成家將是 1985 至 2001 年間住房需求的主要因素，佔全部需求數的一半。到 1985 年為止積欠着尚未予以滿足的房屋需求，包括那些居住條件不佳的家庭的需求，乃是總需求中的第二因素。因公屋重建或修理而激發的需求，隨着第四至第六型公共屋邨以及前政府廉租屋的重建將在 1990 至 1995 年的 5 年之內成為另一個重要的因素。

政府將 1985 年對房屋的需求和預測新婚成家引起的房屋需求分作出租公屋、資助購買居屋以及無資助私人樓宇購買三類。在可供選擇的對策之，經過審議，最後採取了私人樓宇

優先的對策，據此，居屋計劃／私人參與計劃的生產規模將按公屋生產的能力極限予以擴大，只要不致損害盡快滿足租用公屋需求的目標即可。

自置居所貸款計劃把另外一種選擇提供給拆遷戶、公屋租戶，最終乃至符合購買居屋計劃／私人參與計劃單位標準的、但現正租用私人樓宇的租戶。這種選擇就是提供首期免息貸款，使上述這些人能從私人樓宇市場購買居所。

自置居所貸款計劃意在減輕尋覓廉價地盤興建公屋的壓力，因為有資格申請貸款的家庭只在私人樓宇市場上購屋。但是，當這一計劃於 1988 年 6 月付諸實行時，社會公眾並不歡迎。貸款數額對樓價而言太低，因此貸款申請不多。這樣，自置居所貸款計劃在滿足資助購買居屋方面只起到一些輔助作用，而不能大幅度緩解公屋建築部門所受的壓力。

交通阻塞、路途遙遠（除了荃灣、沙田和將軍澳，新市鎮離市中心都不止 5 公里）、"勞工階級"式的環境特徵、高層次經濟活動的缺乏——所以這些都阻礙了私人樓宇投資。當然，這些問題的嚴重程度在新市鎮中也是因地而異的。在歷史較長且離市中心較近的新市鎮，如荃灣和沙田，問題不那麼嚴重，因而可以吸引較多的私人發展商。隨着人們對私人樓宇的需求日增，新市鎮的私人樓宇營建可望在 90 年代有更快的發展。與此有關的是出現了另一種趨勢。地鐵竣工通車之後，中產階級的大型私人屋邨開始在地鐵網絡之內的市區邊緣興建，如柴灣的杏花邨和荃灣的綠楊新邨。這一新現象將會改變市區邊緣下層階級住房佔主導地位的傳統局面。

新市鎮由於可為建造緊缺的公屋提供用地，自會繼續發展。但是，因此新市鎮中剩餘的公屋遠遠不敷人們對公屋的需求，看來非得在其他地區另覓建築地盤不可。增加建築用地有待於都會計劃的實施和土地發展公司承擔的重建工作的開展，所以，滿足從中下到上層各種家庭需求的私人樓宇仍將集中在市區和市區邊緣地帶。

第一型六層大廈

1954~1963 年建於石硤尾和大坑東等屋邨，大部分已拆去重建，石硤尾現仍有少部分改建的一型大廈。每單位建築面積為 19 平方米，大廈沒有電力供應和電梯，食水、浴室和廁所都是公用的。

樓宇平面圖

樓宇平面圖

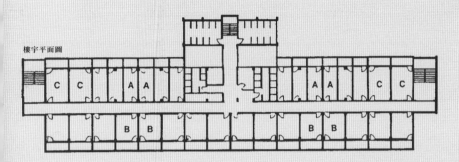

第三型八層大廈

1964~1966 年建於石硤尾，每戶建築面積為 22 至 29 平方米，有電力和獨立露台，兩戶共用一個廁所。

第五型十五層大廈

1969~1972 年建於慈雲山等邨，每戶有獨立廁所、水電和露台，單位面積為 21 至 33 平方米，適應不同人數的家庭。

樓宇平面圖

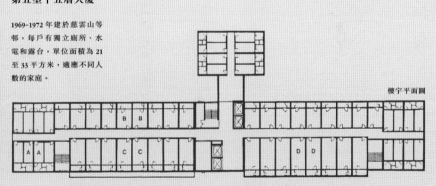

雙格式大廈是新房委會於
70 年代中建於愛民等屋
邨，社區設施和標準都較
前大為改善。每個屋邨都
設有商場，大廈高 20 至 23
層，每單位建築面積為 47
至 55 平方米。

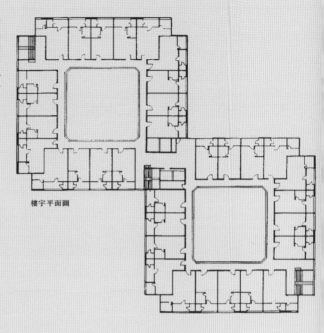

樓宇平面圖

H 型大廈建於 70 年代中，
外型類似早期一二型大
廈，但高度、單位面積及
設施都大有改進。每戶有
獨立設施，面積 51 平方米，
樓高 27 層。

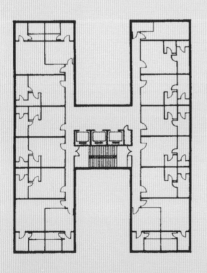

樓宇平面圖

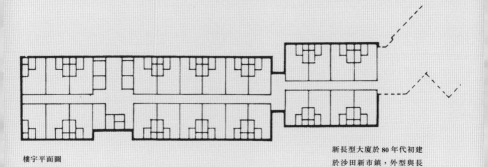

樓宇平面圖

新長型大廈於 80 年代初建於沙田新市鎮，外型與長型大廈相似，但面積則較大，每戶由 44 到 85 平方米，樓高 19 層。

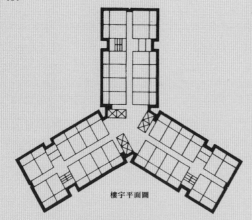

Y 型大廈第一型建於 20 世紀 80 年代初各新市鎮，樓高 34 層，每戶面積 40 平方米，有獨立設施。

樓宇平面圖

Y 型大廈第三型建於 1984 年，樓高 34 層，每翼有 8 個面積由 48 至 67 平方米之單位。

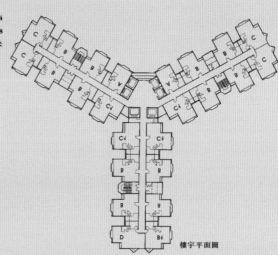

樓宇平面圖

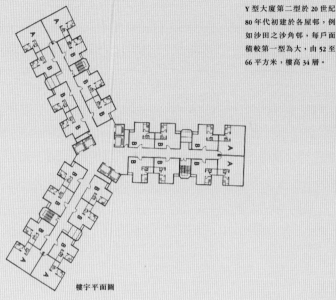

Y 型大廈第二型於 20 世紀
80 年代初建於各屋邨，例
如沙田之沙角邨，每戶面
積較第一型為大，由 52 至
66 平方米，樓高 34 層。

樓宇平面圖

Y 型大廈第四型建於 1984
年，樓高 34 層，每翼單
位數目較第三型大廈少兩
個，單位面積由 48 至 75
平方米。

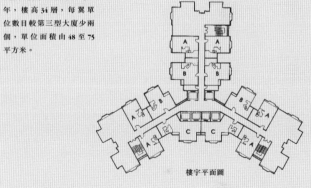

樓宇平面圖

126

和諧一型之十字型大廈於
1990年普遍採用於各屋邨，
樓高 38 層，單位面積由 56
至 78 平方米，各種設施及
標準均較前大為改善。

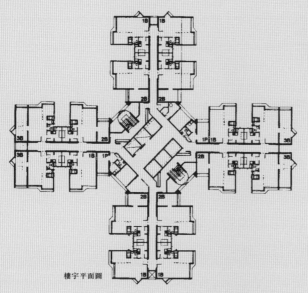

樓宇平面圖

和諧三型之 Y 型大廈於
1990 年建於各新屋邨，高
度為 20 至 26 層，三翼中
之一翼可按地盤地形和高
度的限制靈活變動方位，
每戶面積由 57 至 85 平方
米。

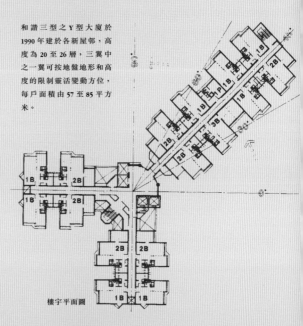

樓宇平面圖

和諧二型 Y 型大廈於 1990
年建於各屋邨，樓高 36 層，
每戶面積較大，由 58 至 85
平方米。

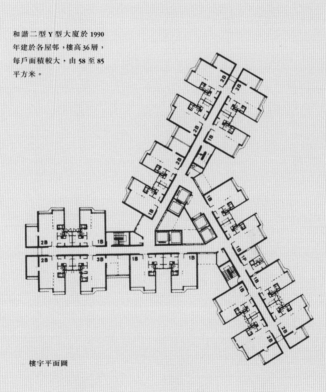

樓宇平面圖

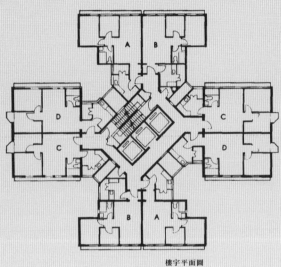

十字型第三型 1982 年採用
於沙田穗禾苑，樓高 35 層，
每戶面積由 52 至 56 平方
米。社區設施齊備。

樓宇平面圖

居屋新十字型大廈 1985 年後採用於各屋邨。這些 35 層高大廈每層有 10 個面積由 46 至 74 平方米之單位。

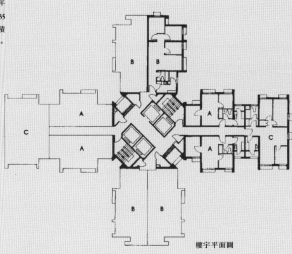

樓宇平面圖

居屋新塔式大廈 1984 年採用於各居屋屋苑，樓高 35 層，每層單位增至 16 個，單位面積由 42 至 52 平方米。

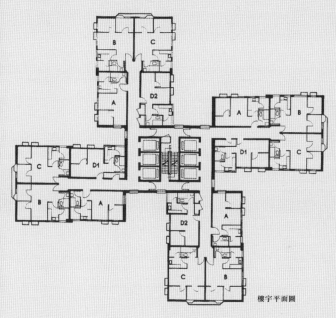

樓宇平面圖

參考書目

Bristow, Roger (1984), *Land-use Planning in Hong Kong*, Oxford University Press, Hong Kong.

Chiu, Rebecca L.H. & Fong, Peter K.W. (1989), *Urban Development in Hong Kong in the 1990s: The Implications of the Long Term Housing Strategy*, Hong Kong, Centre of Urban Studies and Urban Planning, University of Hong Kong, Working Paper No. 40.

Chu, T.N. and So, C.L. (eds.) (1983), *A Geography of Hong Kong*, Oxford University Press, Hong Kong.

Drakakis-Smith, D.W. (1979), *High Society: Housing Provision in Metropolitan Hong Kong 1954-1979*, Centre of Asian Studies, University of Hong Kong, Hong Kong.

Dwyer, D.J. (ed.) (1972), *The City as a Centre of Change in Asia*, Hong Kong University Press, Hong Kong.

Fong, Peter K.W. (1987), "A Historical Analysis of Housing Policies in Hong Kong", *Urban India*, 7(2): 1-19.

Fong, Peter K.W. and Yeh, Anthony G.O. (1987), "Hong Kong" in S.K. Ha (ed.) *Housing Policy and Practice in Asia*, Croom Helm, New York: 12-47.

Hong Kong Government (1987), *Long Term Housing Strategy - A Policy Statement*, Government Printer, Hong Kong.

Hong Kong Government (1992), *Hong Kong 1992*, Government Printer, Hong Kong.

Hong Kong Housing Authority, *Annual Reports* (1973-1991), Government Printer, Hong Kong.

Hong Kong Government Resettlement Department, *Annual Reports* (1954-1972), Government Printer, Hong Kong.

Hopkins, K. (ed.) (1971), *Hong Kong: The Industrial Colony*, Oxford University Press, Hong Kong.

Jarvie, I.C. & Agassi, Joseph (eds.) (1969), *Hong Kong: A Society in Transition*, Routledge & Kegan Paul, London.

McGee T. & Drakakis-Smith, D. (1974), *Fieldwork in Urban Geography: Hong Kong and Macao*, Longman, Hong Kong.

Pryor, E.G. (1983), *Housing in Hong Kong*, Oxford University Press, Hong Kong.

Yeh, Anthony G.O. and Fong, Peter K.W. (1984), "Public Housing and Urban Development in Hong Kong", Third World Planning Review, 6.1, 79-94.

鳴 謝

本書出版，承蒙下列個人和單位鼎力支持，謹此致謝。

阮永賢先生　　佟寶銘先生
邱良先生　　　張順光先生
鄭家鎮先生　　黎錦榮先生
盧子英先生　　聶志先生
天主教慈幼會伍少梅工業學校
香港房屋委員會公共關係組
香港房屋委員會圖書館

圖片提供及資料提供：

方國榮博士 53, 54, 60 阮永賢先生 112, 113, 114, 125, 126, 127, 128 邱良先生 45, 51, 58, 74, 75, 77, 78, 79, 80, 81, 83, 120, 126 陳迹先生 8, 9, 10, 11, 12, 16, 17, 25, 31, 32, 33, 34, 35, 36, 41, 42, 43, 44, 45, 46, 47, 50, 52, 58, 59, 61, 62, 64, 65, 66, 67, 68, 69, 70, 71, 72, 73, 74, 75, 76, 79, 80, 81, 82, 83, 84, 85, 86, 87, 88, 89, 90, 91, 92, 93, 94, 95, 96, 97, 98, 99, 100, 101, 102, 103, 104, 105, 106, 107, 108, 109, 110, 111, 119, 121, 122, 123, 124, 125, 127 張順光先生 2, 3, 4, 6, 鄭家鎮先生 27, 28, 29, 30 鄭德華博士 39 黎錦榮先生 129, 130 盧子英先生 26 房屋署　附錄 (3) ——主要公屋及居屋類型 香港房屋委員會公共關係組 15, 18, 19, 49, 55, 56, fig. 1